부처님의 눈물

| 제23회 문학세계 문학상 종교 부문 특별상 수상집 |

부처님의 눈물

무심스님 명상 시집

천지 광명은 우주에 빛을 발하고
광명이 있는 곳에 무심이 있다
무지개 비춰주는 대명당에 고요히 무심이 들어 있네

도서출판 천우

● 시인의 말

2026년 희망찬 병오년 새해 아침이 밝았습니다.

첫 시집을 발간한 후 꽃이 피고 새가 울고 두 해가 흘러가고, 두 번째 시집 『부처님의 눈물』이 첫눈의 설렘이 가득한 마음으로 세상에 빛을 품고 탄생했습니다. 붉은 말의 해 적토마의 기운을 받고 두 번째 시집을 출간하게 되어 가슴이 벅차고 기쁨이 가득합니다.

제 시는 산사의 수행과 고뇌, 그리고 제 마음을 녹여서 쓴 시입니다. 옥고의 산고는 말로는 표현할 수 없을 만큼 큰 고통이었습니다. 많은 어려움이 있었지만, 그것을 극복하고 시로써 제 수행의 흔적들을 글로 표현하니 마음이 즐겁고 행복합니다.

지난날 산사에서 용맹정진하던 때가 저에게는 시를 쓰게 된 계기가 되었습니다. 부처님의 제자이자 수행자로 오랜 세월 살아온 나에게 시는 또 한 편의 부처님의 대기설법입니다.

시인이 된다는 것은 수행을 하듯 힘든 역경을 견디어 내야 하고, 시인으로 산다는 것은 큰 고통과 책임의 무게를 짊어지고 가야 한다는 것을 느꼈습니다. 이제 중년의 나이에 시인이 되었다는 안도감 대신 앞으로 열심히 세상을 혜안으로 통찰하며 헤쳐나가겠습니다.

중생들이 즐거운 마음으로 시집을 많이 읽어 주시길 간절히 소망합니다. 앞으로 저는 부처님의 제자이자 시인으로 중생구제하면서 열심히 시와 동행하겠습니다.

감사드립니다.

2026년 1월

약천사 주지 무심

수행의 눈물로 빚은 시의 꽃

박정이 (예)육군대장
밀리테크협회 협회장
21세기안보전략연구원 상임고문

무거운 짐을 지고도 지치지 않고 하루에 천 리 길을 간다는 적토마의 기상을 받고 2026년 새해 아침이 밝았습니다. 붉은 말의 해 병오년 벽두에 무심스님 시인이 두 번째 시집 『부처님의 눈물』을 발간하셨는데 진심으로 축하드립니다. 첫 시집은 『서방바위와 각시바위의 천년사랑』이었고, 그 이후 2년여 만에 두 번째 시집을 출간하셨습니다.

무심스님 시인의 사려 깊은 통찰력과 섬세한 감정이 돋보이는 주옥같은 시어들이 『부처님의 눈물』에 아름답게 피어났습니다. 숱한 날을 고민하며 빚어낸 시인의 열정과 땀방울이 드디어 한 권의 시집으로 엮여 탄생했습니다. 무심스님 시인께서 그동안 가꾸어 온 문학적 결실을 맺은 순간을 함께하게 되어 매우 기쁘고 자랑스럽습니다.

시는 시인의 생명이 아름답게 피어나는 숨결이므

로 사람을 흔들어 웃음을 짓게도 하고 울음을 울게도 하며, 그 심령의 샘에서 맑고 깨끗한 물을 길어 올려 마른 목을 축여줍니다. 무심스님 시인은 지금 이런 시들을 가득 담아 세상에 내놓고 있습니다. 오랜 세월 산사에서 수행한 용맹정진의 결과물들입니다. 어느 하나 향기를 지니지 않은 것이 없습니다. 무심스님 시인의 뜨거운 열정이 녹아 흐르는 글귀마다 보석들이 박혀있습니다.

무심스님께서는 신인문학상을 받으면서 "시란 나에게 무엇인가? 저는 시상이 떠오를 때마다 시를 쓰고, 제 마음속에 번뇌가 일어나 힘들 때마다 시를 쓰면서 제 마음을 다잡아 봅니다. 지난날 산사에서 혹독한 추위 속에서 뼈를 깎는 고통을 겪고 용맹정진하면서 중생구제를 잘해야겠다고 다짐했습니다. 시인으로서 열심히 시를 쓰고, 중생구제를 하며 왕성한 활동을 해나갈 것을 맹세합니다."라고 수상소감을 밝힌 바 있습니다.

『부처님의 눈물』 시집을 읽고 난 소감을 간단히 정리하여 보면, 섬세하고 예민한 감각과 철학적 깊이, 그리고 부처님의 자비사랑의 향기가 애잔하게 울리는 시들이 참 많았습니다.

무심스님 시인은 노산 약천사 산사에서 기도와 명상을 통한 선수행을 하며 세속의 늪에서 악연의 굴레를 걷어내고 무명을 밝히고 고해의 바다를 헤쳐나가고자 자기성찰을 위한 자가와의 싸움을 지속하면서 주옥같은 시편들을 쏟아내고 있습니다.

무심스님 시인은 부처님께 귀의하여 부처님과의 부단한 대화와 기도로 자신의 지난 인생을 눈물로 참회하며 부처님을 감동시켜 눈물을 흘리시게 하고, 길고 긴 세월 고난과 역경을 견뎌내고 참회하며 하늘의 엄중한 명령과 땅의 신성한 기운을 받고 웅비하는 모습으로 환희롭게 태어나 서방바위와 각시바위의 영원한 천년사랑을 노래하고 있습니다.

무심스님 시인은 모든 고난과 역경을 이겨내고 마음을 굳게 먹고 험난한 세상을 결연히 헤쳐 나가길 다짐하고 승리의 깃발을 올려 내 자신이 갈 길을 열고 지난날의 역경을 오늘의 행복으로 삼아 힘차게 살아가리라 선언하고 있습니다.

무심스님 시인은 삼재팔난 다 겪은 노산 약천사 부처님을 극진히 사랑하며 스님의 영원한 마음의 고향인 산사를 무릉도원으로 노래하며 아름다운 별천지 기도정진 수행처에서 영원하길 기도하고 계십니다.

무심스님 시인은 깨달음을 얻기 위해 참선을 실천수행으로 혼란한 마음을 고요하게 하는 데 익숙하고, 사물이나 사건에 대한 관찰이 예민한 감각을 통하여 느낌을 시상으로 떠올리는 데 유리합니다.

맑고 청정한 정신세계에 입각하여 탁월한 시어의 선택은 신축성 있는 운율로 힘 있게 노래합니다. 선

법을 닦아 구도하기 위한 진리탐구로 종교적인 실천 수행을 구가합니다. 길지 않은 시어의 결합을 통하여 말로 표현할 수 없는 사랑의 진의로 몰입하여 맑고 청정한 정신세계를 이끌어 내고 있습니다.

앞으로 무심스님 시집이 많은 독자들의 마음을 울리고 오래도록 사랑받는 시집이 되기를 기대합니다. 이번 시집에 담긴 시어들은 시인의 깊은 성찰과 아름다운 감성이 어우러져 독자들의 마음에 잔잔한 울림을 선사할 것이라 믿습니다. 시인의 수행자로서 삶의 세계가 시 한 편 한 편에 고스란히 녹아 있어 이 시집을 통해 많은 분들이 위로받고 새로운 감동을 얻어 가리라 확신합니다.

끝으로 무심스님에게 시(詩)는 스님의 법문과도 같습니다. 무심스님은 산사에서 오랫동안 수행정진하고 득도하신 후 부처님의 중생구제 사명을 실천하고 계십니다. 앞으로도 수행의 방편으로 중생구제를 위한 청정한 시를 많이 창작하시어 중생들이 참나를 발견하고 치유받을 수 있도록 사랑의 샘물 같은 영혼 감동 시를 끊임없이 써주시길 기대합니다.

다시 한번 감동적인 시집 출간을 진심으로 축하드립니다.

감사합니다.

제1부

빛으로 오신 부처님

제2부

기다림의 미학

제3부

웃음꽃 인생

제4부

당신의 미소

제5부

인생길

제1부

빛으로 오신 부처님

팔선녀

하늘에서 아름다운 선녀가 내려왔네
팔선녀의 우아한 자태를 뽐내면서
칠선녀와 손잡고 내려왔네

팔선녀가 내려온 장군바위에는
우뚝 서서 팔선녀를 지켜주는
대장군이 지켜보고 있네

천상세계에서 이생으로
내려올 때 그 마음이
어떠했는지 나는 안다

인간세상 고뇌와 외로움을
어떻게 견디려고 내려왔나

장군님을 못 잊어 하늘나라
신선계에서 내려왔나

아름다운 날개옷 우아한 몸짓
쳐다만 봐도 눈이 부신 고결한 맵시
장군바위에 팔선녀가 하강했네

신라 천년 기적의 마애부처님

신라 천년을 견디고 오신 부처님
다시 천이백여 년을 뚫고 나투신 부처님
위대하고 장엄하신 마애부처님

신라시대 불교문화의 신비함과
웅장함을 자랑하는
천년의 미소를 머금은 마애부처님

웅비하는 대한민국에 다시 나투시어
중생구제하고 영면하는 중생들의
귀의처가 되어주신 마애부처님

중생의 업보를 온몸으로 안고 있는
거꾸로 선 마애부처님이시어
벌떡 일어나 중생들을 살려주옵소서

갑진년 청룡의 새해에는 비상하는 용처럼
우뚝 서서 만호중생들에게
아름답고 거룩하신 자태를 뽐내시길
간절히 간절히 빌어 봅니다

첫눈

첫눈이 내리는 산사의 밤
산사의 밤은 고요하고 평화롭다

첫눈의 설렘 그 누가 눈 오는 밤이
외롭다고 할 것인가

고독이 밀려오면
한 번 더 하늘을 쳐다보네

내리는 눈꽃 송이송이
아름다운 우리네 인생

인생길은 눈길처럼 아름답고
미끄러우며 춥기도 하다

첫눈 내리는 고요한 산사에서
사랑하는 님과 함께 호호락락 하면서
아궁이에 장작불을 지펴본다

연잎 물방울

연잎 속에 물방울이 고인다
연잎 속에 물방울이 또르륵 또르륵
소리를 내면 내 흘러간 인생이 보이네

넘칠 듯 넘칠 듯
넘치지 않는 연잎 물방울
내 인생도 이와 같구나

아무렇게나 걸어갈 수 없는 인생길

오늘 가는 이 길은 먼 훗날
나의 나침반이 될 것이고
나의 발자국이 새겨져 있을 것이네

연잎을 자세히 보아라
연잎 속에 아름다운 연꽃도 피고
정도가 있고 사랑이 있다

학

신선이 되어 내려오신
고고한 학이시여

천년의 향기와 고운 자태로
신선계에서 내려와

만중생을 구제하고 신선계로
다시 올라가신 고고한 학이시여

천수를 누리시고
수많은 중생 속에서 으뜸이신
훌륭하신 신선이시여

훨훨 날아서 수많은 중생
구제하시고 신선이 되어
하늘로 승천하신 신선이시여

지상에서 중생 구제하며
신선으로 살다가
학처럼 조용히 떠나렵니다

참회

지나온 과거는 과거일 뿐이다
지금 내가 이 순간 아름답게
살았으면 좋겠네

부처님전에 참회합니다
조상님전에 참회합니다
당신에게 참회합니다

이 세상에 와서
왜 이렇게 힘든 일이 많은지
오늘 많이 참회합니다

슬프고 어려운 시절 다 견디어 냈으니
지금부터 나는
당신의 뜻을 따르려 합니다

광명

천지 광명은
우주에 빛을 발하고

광명이 있는 곳에
무심이 있다

무지개 비춰주는 대명당에
고요히 무심이 들어 있네

자비명상

천지가 고요하고
인적은 멈추어
적막한데

고요한 적멸의 어둠을 뚫고
마음속에
자비가 들어와 있네

금전수

나는 생명수를 품어내는
금전수이다
눈빛 맞추면서 살았네

아침에 눈을 떠 보면
나에게 살짝
눈웃음을 짓는다

나에게 손을 내미는 금전수
나의 귀한 도반
나와 같이 몇 년을 살았는가

귀하고 귀한 나의 금전수
더욱더 아끼고
사랑해 줘야 하겠네

한겨울에 생명수를 품어내는
아름다운 금전수
너와 같이 영원히 살아가리라

동자 부처님

약천사 황토방에는
동자 부처님이 계신다

동자 부처님의 모습은
아늑하고 예쁜
귀여운 아기 동자

아기 부처님은 과자를
좋아하시고 도나스 빵도
잘 드신다

산사 동자 부처님께
기도를 잘하면
손님이 많이 오신다

빛으로 오신 부처님

붉은 기운 몸으로 나투신 부처님
천리 밖에서 한 몸 오로라로
오신 부처님

밝은 기운 가지고 나투신 부처님
오로라로 중생구제 하러
오신 부처님

거룩한 빛으로 나투셔서
죽어가는 중생을 활인구제 하러
오신 부처님

오늘 산사에 빛으로 오신 부처님은
우리들의 꿈과 희망이 성취되는
밝은 앞날을 축복해 주시는구나

겨울 평야

저 넓은 평야를 보아라
겨울 평야는 정겹고 평화롭다

추수가 끝나고 여유로운 들판
들판 끝에서 나를 오라 손짓한다

행복과 건강은 내 마음속에 있네
내 마음이 편안하면

아무리 추운 겨울도 건강하게
이겨 나갈 수 있다

꿈이 있는 들판
들판에 흰 백설이 내리면
내 마음도 하얀 설백이 되네

평야 끝에서 새들만이 지저귀고
고요함에 모든 것이
적멸에 드는구나

모란

향긋한 모란 꽃들의 왕
모란꽃이 피면 그리운 사람이
내 곁으로 오겠지

은은한 모란꽃이 피면
사랑하는 사람 곁으로
달려가겠지

당신과 나 모란꽃 사랑을 해요
모란이 피면 오손도손
행복한 동행을 해야겠네

모란이여 어서 피어라!

사랑하는 분과 부귀영화를
한 몸에 누리는 백년해로를
꿈꾸어 본다

안국사

낙성대 공원에 들어서니 왠지 모를
상서로운 기운이 나를 감싼다

카페에 들러 따스한 쌍화차 생강차를 마시고
떨리는 마음으로 안국사 사당으로 향했네

안국사는 강감찬 장군님의
영정을 모신 사당

공원 입구에 우뚝 서 적진을 향해 포효하듯
칼을 빼고 돌진하는 날쌘 장군님의 기마청동상

안국문을 들어서니 고풍스런 3층 석탑과
장군님의 사적비가 우리 둘을 반갑게 맞이하네

우리 둘이 걷는 이 길은 고려시대를
연상할 만큼 아름답다

너무 늦게 참배하러 찾아온 것이 죄송하여
위풍당당하고 늠름한 장군님의 영정 앞에

온갖 정성 다 들여 대추 밤 배 사과 곡차를 올리면서
국태민안 국운융창 민생안정을 기도하고

지혜롭게 살아갈 수 있도록 힘을 주시고
인도해 주시기를 빌고 기도를 마쳤네

강감찬 장군님을 뵙는 순간 정말 환희로움과 존경심이 우러났고
모든 것이 너무 행복했네

대한민국을 잘 지켜 달라고 기도하면서
소나무 길을 걸으며 정겹게 웃으면서 내려왔다

안개 낀 산사

저 멀리 우뚝 솟은
안개 낀 투구봉 봉우리를 보면서
인생의 제2막 서막을 올린다

내 인생의 변곡점을 찍고
나는 문인으로서의 첫 발을
내딛는다

오늘 내가 맞이하는 이 길은
걸음걸음마다 행복이 묻어나고
사랑이 배어난다

내 마음속에서는
산사를 떠나 본 적이 없다

그리울 때 달려가고 머무르고 싶을 때
머문 나의 그리운 산사
산사가 오라고 나에게 손짓한다

수행정진 열심히 하며
황토방 짓던 날
기쁨과 환희가 넘쳤다

나는 부처님전 정진 수행하여
뛰어난 경지에 다다르고

많은 불자들이 부처님 법을
공부하여 대성하길 소망해 본다

선녀와 신선의 영혼사랑

선녀님이 산사의 장군바위에 하강하여
언덕 위에 하트꽃을 피웠네

산사의 하트꽃은 선녀꽃
선녀꽃이 핀 산사는 아름답고 그윽하구나

천년사랑길에서 신선과 선녀님이
서로 만나 웃음 짓고
신선이 선녀님께 청원하네

이 세상에 내려와서 만중생을 구제하고
사바의 연이 끝나면 선녀의 옷으로 갈아입고
홀연히 하늘로 승천하라 하시네

선녀님이 신선님께 말씀하신다
세속의 인생은 너무 짧은데
신선계의 인연은 무궁무진하다네

인생길 걷다 보니
오늘 이 길을 후회하지 말고
내일 살아갈 길 편안히 사세

영생하는 신선처럼 고고한 학처럼
산사에서 영혼사랑 나누며
영원히 살아갈 것을 다짐해 본다

동지

우리들의 작은설 동짓날을 맞으니
산사의 보살님과 어머님의 팥죽이
그리워진다

눈 내리는 산사에서 부처님전
기도드리고 둘러앉아 먹던
팥죽은 너무도 맛있고 행복했네

하얀 설백이 내리는 산사에서
부처님전 팥죽공양은 누가 먼저라
할 것 없이 많이 먹고 싶어지네

엄동설한 동짓날 산사의 추억을
회상하면서 어떻게 가꾸어 나갈 것인가
곰곰이 생각에 잠겨본다

신라 약사여래불 부처님

눈이 내리는 매서운 추위에
우리 문화유산 역사박물관
국립중앙박물관을 관람했다

박물관에서 바라보니
멀리 서울의 상징
남산 타워가 친근하게 다가온다

박물관 부처님 중
유난히 눈에 띄는 부처님
신라 약사여래불

죽어가는 중생들을 건져주시는 부처님
병고 중생들의 귀의처
마음의 병을 고쳐주시는 약사여래불

부처님 전시관을 돌아보면서
아스라한 신라 천 년의 역사를
멋지게 여행해 본다

바다

파도가 춤을 추니 천지가
진동한다

파도 소리에 내 몸과 마음을
맡겨본다

파도 소리에 내 몸과 마음이
열린다

바다같이 넓은 마음은
당신의 마음이다

파도는 당신의 마음
파도 소리에 춤을 춘다

내 마음도 파도처럼
울렁거릴 때가 많다

제2부

기다림의 미학

일심 광명

하늘에 일심 광명이
떠오릅니다

우주의 광명이시여
천지조화의 기운이시여

우주의 기운
천지의 기운을 품고

일심의 광명이
떠오릅니다

비상하는 대한민국이여

청룡의 갑진년 새해에는
우리를 밝게 이끌어 주소서

갑진년 청룡의 해를 맞이하며

청룡의 문이 열린다
청룡의 용트림이 솟구친다

천하를 주무르고도 남을
청룡이시여

청룡의 눈물과
용의 울음소리

사람들은 진정 큰 청룡을
알아보지 못할까

청룡의 해가 도래하고 있다
청룡의 힘찬 깃발이 나를 부른다

저 멀리서 청룡의 힘찬 소리가
나를 흔들어 깨운다

일어나라
위대한 대한민국이여

이제 세계적으로 우수한 인재를 배출하고
우뚝 선 대한민국이여

거침없이 나아가라
힘차게 전진하라

글로벌 중추국가의 위상을
높이면서 세계적으로 알리고

꿈과 희망이 넘치는 에너지로
힘차게 대한민국을 우뚝 세우라

촛불

촛불은 나의 혼
나의 목숨 같은 존재

촛불 12개 켜고 기도하는
산사의 아름다운 불빛

한번 가면 다시 오지 않을
우리네 인생

그런 인생이 무엇이 아깝고
무엇이 두려운가

꿈속에서 왔다가 꿈속으로
가는 인생

모든 것이 꿈만 같네
즐겁게 살다가 웃으며 가리라

한옥마을 포교당 고무나무

한옥마을 포교당 부처님 전에
청룡의 기운 머금고 들어선 고무나무

천년사랑 시집 출간을 축하하며
장군님처럼 우뚝 서 있네

고무나무는 나를 지켜주시는 수호신
포교당을 보호해 주시는 늠름한 장군님
갑옷 입고 철갑 두른 화엄신중이시네

청초한 고무나무를 보면서
갑진년 새해에는 청룡의 힘찬 기상을
닮고 싶네

우람하고 멋스러운 고무나무여
나와 같이 아름다운 동행 하자구나

고무나무여
오래오래 나의 곁에서
도반처럼 정답게 지내고 싶다

눈물꽃

마음속에 눈물 한 방울이 없는 사람
누가 있을까

마음속에 서러움이 전혀 없는 사람
누가 있을까

눈물 한 방울 상처에 남긴 가시 같은 말
피부 깊숙이 가시되어 박혀 있을 때
누가 내 가시를 제거해 줄 수 있을까

가슴속에 못다 한 말 숨기고 사는
이들이여

가슴속에 응어리지지 말고
물처럼 바람처럼 흘려버리고

오늘도 강물이 흐르듯이
편안하게 사시길 바라요

소망

청룡의 갑진년 새해가 밝았다
나는 무슨 소망을 가지고
올 한 해를 살아야 하나

고맙고 괴로운 지난날들을
흘려버리고 이제 내 인생의
2막이 시작 된다

나의 인생은 내가 의도한 대로
가지 않는다
그것이 인생의 묘미이다

나는 누구인가 나는 누구를
위해서 존재하나
요즘 내 인생의 화두이다

나는 오로지 중생을 위해서
살아왔다
이제는 나를 위해 살고 싶다

인생의 새출발 행복하게
걸어가야지
나의 길을 힘차게 걷자

보석 같은 천변

천변의 물빛은 보석처럼
반짝인다

알알이 맺혀있는 물빛
정말 영롱하고 아름답네

물빛 아른거리는
시원하고 상큼한 겨울 천변

보석처럼 빛나는 천변을 바라보니
우리네 인생도 이렇게 아름다울 수 있겠구나

애써 노력하면 모든 것을 성취하고
곱다랗게 끝맺을 수 있네

반짝이는 보석처럼 빛나는
인생을 살아가고 싶다

나눔의 미덕

천지가 진동하고 일월이 밝은데
우리 마음속에 언제 동트는가

고요한 밤에 행복이 있고
적멸 속에 평온이 있다

삶이 어려우면 서로서로 도와가며
어려운 난국을 극복해야 하네

어린 시절 떠올리면
가난했어도 행복했다

행복의 원천은 부에서 솟아나는 것이 아니라
나눔으로부터 시작되네

어려운 이웃과 나눔 하면서
한평생 웃음꽃을 피워보자

눈꽃

눈이 내리네
내 마음속에도 송이송이
눈꽃 송이가 내려오네

님을 생각하면서
눈꽃 송이만큼 아름다운 사랑을
해야지 다짐해 보네

애타는 마음 눈처럼 녹여야겠다
사랑하는 마음 솜사탕처럼
간직해야겠다

눈꽃 송이송이 마다
사랑이라는 이름
두 글자가 새겨 있네

눈꽃이여!

그대는 님의 마음을
녹이고 얼리고 하는
큰 기운을 간직하고 있으니

위대한 힘의 원천
뜨거운 사랑의 원천
눈꽃 속에 사랑의 꽃이 피네

승만공주

신라시대의 진덕여왕
그대 이름은 승만이라네

아름다운 승만공주여
우아하고 풍만한 자태를 뽐내시며

당신은 신라의 왕관을
머리에 이고 태어났네

천년 신라의 승만공주님이
애틋한 각시바위로 환생했네

애처로운 각시바위여

그대와 같이 손잡고
신라 천년고도 경주로
여행을 떠나고 싶다

아름답고 우아한 승만공주여

당신이 천년 전에 공주로 태어났듯이
다시금 현생에 아름다운 공주로 환생하소서

그대와 같이 천년의 역사를
새롭게 쓰고 싶소

그리움

가슴속 깊은 곳에 스미는 그리움
목젖 타는 그리움을 삼키고
언제 그리움이 목 안에서 나올까

깊고 깊은 그리움이 몸속에서 외친다
보고 싶다 보고 싶다 보고 싶다
사랑을 향한 영혼의 몸짓

애절히 그리워하는 몸부림
그립다 그립다 그립다
돌부처의 눈에도 눈물이 고인다

천년사랑 이야기

천년사랑은 조건없는 무한사랑입니다
천년사랑은 마음주는 자비사랑입니다
천년사랑은 둘이아닌 한몸사랑입니다

천년사랑은 욕망비운 영혼사랑입니다
천년사랑은 서로믿는 순결사랑입니다
천년사랑은 많이참는 인고사랑입니다

천년사랑은 감미로운 망고사랑입니다
천년사랑은 품격높은 황실사랑입니다
천년사랑은 일편단심 원앙사랑입니다

천년사랑은 천일홍처럼 변함없고
백합처럼 깨끗하며 목단처럼 고귀한
우리둘의 영원하는 부처님 사랑입니다

북악산의 정기

칠백 년의 기운이 뭉쳐진 명혈
삼각산의 정기를 품고 있는 아름다운
북악산을 다녀왔다

우뚝하고 당당하게 기를 모아놓은 북악산
청청지대를 피부로 느끼면서 북악산의
맑은 기운을 들어마셨네

아!
칠백 년이 지나도록 변하지 않고
고고한 자태를 품고 있는 북악산

맑고 푸르른 기운이 응집된 북악산
좌청룡 우백호 남주작 북현무를 다 갖춘
동서남북이 확 뚫려 있는 보물 같은 산

청정기운 받고 선인처럼 앞산을 둘러보니
신선이 머무르는 듯한 우람하고 강하게 뭉쳐있는
인왕산이 우뚝 서 있네

인왕산의 강렬한 기운을 느끼면서
갑진년 새해 꿈틀대는 청룡처럼
하늘을 비상하고 싶네

천년만년 영원히 후대에 물려줄
길이 빛나는 북악산이여
아름답고 수려하구나

상심

가슴속에 일어나는 불꽃
마음의 불꽃 사랑의 상처

마음속에 다짐하고 명상하고
무수히 많은 생각들이 반복적으로
일어난다

번뇌가 일어날 때마다 나를 바라본다
나를 들여다본다

내면의 나에게 소리친다
마음의 물결을 더 이상 만들지 말자고

내면에 잠자고 있는 마음의 소리에
귀 기울여 보자

이 세상에 혼자 왔다가
혼자 떠난다

짧은 인생사 무슨 미련이 많아서
밤을 새워 애를 태우는가

한낱 꿈처럼 왔다가 바람처럼 갈 것을
한탄하지 말아라

집착의 끈을 놓고 마음을 열고
나를 관해 보면 마음이 열릴 것이다

이제 내 마음의 호흡을 하고
깊은 숨을 크게 쉬고 나를 보아라

힘찬 울림 세찬 고동
역동하는 마음의 소리에 귀를 기울여 보자

선정

문풍지에 바람이 불어
울음을 토해낸다

이내 마음도 바람이 되어
울고 있다

윤회의 쳇바퀴 속에 모든 것을
내려놓고 한평생 나를 관해보았지만

남은 것은 텅 빈 허공이요
빈껍데기뿐이로다

마음속의 내 마음에 기대어 들어본다
나의 소리를 찰관해 본다

한평생이 짧으니 어우렁더우렁 하면서
살아가 보라 하네

마음이여 마음이여
비좁은 마음이여

옛 봄날의 향기는
내 마음속에 왔다 갔지만

내 마음의 봄은
어찌하여 오지 않는가!

기다림의 미학

차 한 잔을 시켜놓고 기다린다
탁자 마주 놓고 그대와 둘이서
차 한 잔을 나누고 싶어지네

눈인사를 하면서
뜨거운 김이 모락모락 나는
따뜻한 난로 앞에서

그리움을 마주하고
당신과 따뜻한 보이차를
달여서 마시고 싶다

그대는 나의 비밀 정원
괴로우나 슬플 때
그대의 정원에 머물고 싶어라

나의 정원에 꽃 한 송이 심고 싶어져
나를 보면서 웃음 짓는 꽃처럼
예쁜 그대의 미소가 떠오른다

선명상

고요한 나를 들여다보아라
깊은 심미안의 넓은 마음을 보아라

거울같이 맑은 경지를 보아라
보고 또 보니 찰나의 내가 보인다

우주의 경지에 도달하니
또 한세상이 나를 맞이한다

생일날의 단상

홍매화는 나의 모습이다
오늘은 내 생일이다

붉은 홍매화가 내 가슴속에 자리 잡고
꽃망울을 터트린다

봄의 소식 홍매화
내 사랑의 결실 속에 봄을 맞이한다

붉은 홍매화는 부처님이
선정에 든 모습이다

홍매화 속에 나의 지난 시절이
무수히 떠올랐다가 사라진다

홍매화는 마음속의 한줄기
아름다운 빛으로
내 생일을 축하해 준다

오랜 세월 잊어버린 내 생일날
홍매화의 우아한 자태를
무심도 닮고 싶어라

꽃비

꽃이 망울망울 피는 봄이 왔는데
이내 마음은 봄을 모르니
얼마나 답답할까

봄아 봄아
어찌하여 님의 마음도 모르고
빨리빨리 가려고만 하는가

봄의 소식을 전하는 꽃비를 보니
내 마음속은 어느새
봄소녀가 되어가고 있구나

인생무상

띵한 머리를 붙잡고
하루하루를 살아간다

하루하루 내 인생이 어떤 삶으로
가는지 답답하기만 하다

나는 내 인생이 어디로 가는지도
모르고 계속 따라간다

계속 앞만 보고 달리는
내 인생이 가련하다

짧은 인생 무엇이 그리도 급한지
뒤도 돌아다보면서 살아가고 싶다

제3부

웃음꽃 인생

그리운 님

그리움이 깊어지면
미움으로 변한다

미워하면 무엇하나
그냥저냥 그렇게 살아야지

봄볕이 오는 줄도 모르게
봄이 오고

님이 봄 마중 와도 님의 마음 모르는
봄이 야속하네

햇살 가득 머금은 꽃비는
봄을 재촉하는데

멀리 있는 님은 어찌지
내 가슴속에서 멀어지네

사랑의 카페라떼

나만의 휴식시간 커피타임
한잔의 라떼 사랑커피에
시름이 녹아내리고

카페라떼 진한 향기에
님의 감미로운
환한 웃음이 흐르네

카페라떼는 나만의 열정
내 안의 평화
둘만의 사랑

카페라떼는 진한 당신의 향기
사랑이 그리우면 라떼 커피 향에
취해 보세요

수선화

그대 수선화 속에
맑은 향이 피어오르고

예쁜 꽃향기 속에
그대 마음이 들어오네

노란 꽃망울 속에
화사한 수선화 향기가 흘러내리고

또다시 내 꽃 속에는
봄이 흐르네

방울방울 수선화 속에는
감미로운 향기가 넘쳐흐르고

이내 마음속에는 꽃향기가
봄을 부르네요

초심의 마음

선은 마음의 근원
선을 오래 닦으면 마음이 보인다

우주의 기운을 흠뻑 담고
마음의 기운을 느껴라

우주의 높은 경지를 터득하면
초심의 본마음이 된다

찰나의 마음

과거의 모든 기운은
과거로 남겨두고

현재의 삶 지금의 삶
이 삶을 즐기자

현재 들숨 날숨이
지금 나를 결정한다

현재의 모습이 과거에
내가 바라던 모습이다

봄마음

봄이 오니 봄을 맞이하는
나도 새롭게 바뀌었네

새봄 맞이에
왜 이리 눈물이 나는지

지나간 세월은
유수처럼 흘러가고

오는 세월은 화살같이
빠르게 지나가네

이내 마음에도
세월의 흔적이 느껴진다

흐르는 눈물은
공허한 나의 마음

마음을 꽉 붙잡고 남은 인생을
같이 동행해야겠구나

오늘도 내 마음속의 봄꽃이
나를 손짓하며 부른다

천화

천화에 비치는
해여

그대에게 해가 비치고
달이 비치니

그 모습이 당신에게
비쳐진다

남북이 화합하여
통일을 이루니

그 기운이 온 우주에
스며든다

천년사랑의 눈물

비는 사랑하는 당신의 눈물
서방바위가 각시바위를 기다리다
홀로 흘리는 눈물

천년을 외롭게 떨어져 있던
각시바위와 서방바위가 만난
기쁨과 환희의 눈물

만나고 싶어도 만날 수 없었는데
비님이 살포시 오시니
서로 자연스럽게 만나게 되네

비님은 애틋하고 사무치는 그리움
비님이 오시니 서글픔은 사라지고
행복감과 즐거움이 교차하는구나

연분홍 꽃길

매화를 보고 있으면
시름을 잊는다

꽃이 좋아 꽃밭에 있으니
어느새 나도 매화꽃이 되네

연분홍 매화 꽃길 걷는
나의 하루는 너무도 행복하다

꽃길을 걷는 이내 마음
행복이 나에게 손짓한다

너무 행복해서 봄이 가는 줄도 모르고
아름다운 봄에 흠뻑 빠져 있네

화사한 봄꽃

꽃은 피고 지고 화사한 봄꽃이 피면서
살며시 내 곁으로 다가오네

연분홍 매화는 나의 사랑을
더욱더 행복하게 해 주고

화려한 봄꽃이 피어나니
환희로운 하루가 또 다가오는구나

인생의 황금기 예쁜 봄꽃처럼 살아요
꽃길은 누구나 갈 수 있다네

우리네 마음이 곱고 착하면
꽃길을 행복하게 갈 수 있겠구나

천년사랑호

우리 둘이 탄 배는 천년사랑호
저 멀리 북두칠성을 향해
함께 힘차게 노를 저어요

아무리 세찬 풍파가 닥쳐와도
천년사랑호는 좌초되지 않고
항해를 계속합니다

천년사랑호를 움직이는 원동력은
마르지 않고 용솟음치는
천년사랑의 샘물입니다

우리 둘이 영원한 항해를 다짐한
천년사랑호는 힘차게 노를 저어
오늘도 끝없는 여정을 떠납니다

신선의 정원

정원에 핀 복사꽃은 신선의 미소
봄이 오니 복사꽃 정원에
복숭아 오얏꽃이 고개를 내미네요

옹기종기 사이좋게 올라오는
복숭아 연분홍 미소에
내 마음은 꿈 많던 소녀로 돌아가네

아름다운 연분홍 복사꽃을 보니
행복했던 옛날의 추억을 회상하며
다시 어린 시절로 돌아갑니다

탄생

당신과 나는 탄생했습니다
서방바위와 각시바위로
새롭게 탄생했습니다

길고 긴 오랜 세월
고난과 역경 다 견뎌내고
기쁨으로 다시 탄생했습니다

하늘의 명령과 땅의
신성한 기운을 받고
참회하며 다시 탄생했습니다

온 우주의 기운과
온 우주의 역량이 합쳐져
새롭게 우뚝 섰습니다

당신과 나 여기에
웅비하는 모습으로
환희롭게 탄생되었습니다

남산 타워

신비롭고 아름다운 남산 산책길
남산에 올라 둘이서
다정하게 산책을 하였다

남산 산책길을 걸으면서
감미로운 사랑을 속삭였네
사랑길 인생길은 다 이런 것인가

남산 타워 꼭대기에 올라
서울 시내를 내려다보았네

바로 눈앞에 보이는 아름다운 풍경이
천하의 절경이로구나

남산 타워 꼭대기에 서 있으니
서울이 다 손바닥 안에 들어와
있는 것 같네

대한민국이 얼마나 경이로운 나라인가
수많은 관광객들이
세계에서 몰려오는 빼어난 금수강산

길이길이 후손에게 물려줄
아름다운 우리 강산
참말로 환희로운 남산여행하였네

이날을 기억하리라
좋은 추억 많이 담고 향기로운
남산 산책길 행복하게 걸어가 본다

환구단 천제

환구단 석조대문을 들어서니
고종황제님이 친히 마중 나와

묵직한 석고소리를 울리며 우리 둘을
편안하게 맞아주시듯이 경건한 분위기였네

고종황제가 대한제국을 선포하고
하느님께 천제를 지내시던 환구단

하늘의 사명과 땅의 기운이 합쳐져
천지만물이 상생하던 제천단이라네

천제는 가장 격이 높은 대사로서
황제가 친히 제사를 드리는 제천의례

눈물의 천제 하늘에 지내는 제사
하늘에 올리는 무심의 간곡한 지성

대추, 밤, 과자와 물로 준비한
간소한 제물이지만 온갖 정성을 담아

대한민국의 안정과 국태민안, 국운융창과
평화통일을 기원하고 축원드렸네

꽃대궐

어릴 적 어머님 손잡고 오솔길
거닐고 산사에 도착하면

그리운 어머님의 관세음보살
음성이 낭랑하게 들려오고

목탁 소리에 어머님의 관세음보살 염불이
아련히 나의 귓전을 스쳐옵니다

자신에게는 엄격하고 자식들에게는
한없이 관대하셨던 어머님

당신은 복사꽃입니다

매화 산수유 살구꽃 꽃대궐에
꽃길만 걸으라고 하셨던 어머님

분홍색 한복 입으시고 머리에 수건 두른
인자하신 어머님 모습이 너무 그립습니다

꽃동산

꽃이 피는 봄날
꽃이 좋아 꽃이 피고
꽃이 좋아 기대가 되네

환한 웃음과 미소 속에 푹 빠져
술에 취한 사람처럼
꽃향기에 취해본다

꽃이 나에게 말하네

매화와 벚꽃 복사꽃에 취하고
사랑의 향기에 취해서

산봉우리 전체가
울긋불긋 꽃대궐이 되었다네

웃음꽃 인생

슬퍼도 웃고 기뻐도 웃어라
우리네 인생은 한바탕 꿈이요
한마당 연극이다

인생은 바람이고 구름인 것을
멋지게 연기하다
미련 없이 가면 된다네

오랜 세월 추운 산사에서
쌀과 청국장으로 연명하면서
수행정진하던 시절이 무척 행복했었네

인생은 돈이 많다고 행복하고
돈이 없다고 행복하지
않은 것이 아니라네

슬픔도 마음이 만들어 내고
기쁨도 마음이 만들어 내듯이
모든 것은 마음이 만들어 낸다네

하하 호호 크게 웃으면서
즐거운 인생 남은 인생
행복하게 잘 살아 보자꾸나

참회의 눈물

내 눈물 속에는 부처님이 흘린
눈물이 고여 있다

아침에 눈을 뜨고 맨 처음 예불에
참석하면 부처님의 눈물이 보이네

내 눈물 속에는 관세음보살의
눈물이 들어있네

눈물 흘린 만큼
고난했던 내 인생이 보인다네

나는 지금 참회의 눈물을
하염없이 쏟고 있다

나의 눈물은 부처님의 눈물
무심의 참회의 눈물이로구나

환상의 채빛섬

북악산 좌청룡 우백호의 기운을 담고
유유히 흐르는 한강
대한민국을 빛내고 서울을 지켜주네

한강 물 위에 떠 있는 환상의 채빛섬
밝고 화려하고 즐거움이 가득한 섬에서
용왕님께 소원성취를 빌어본다

채빛섬이여, 그 이름도 아름다워라!
둥둥섬 위에서 지나간 흔적들을 지우고
새로운 추억들을 쌓아본다

산해진미 가득한 퀴진뷔페에서
식탁에 마주 앉아 지난 인생을 회고하며
당신과 나의 영원한 천년사랑을 맹세했네

아름다운 한강, 기적의 한강!
채빛섬이여 아름다운 자태를 뽐내어라
유구한 대한민국의 서울이여 영원하라

사랑의 파도

새벽녘에 눈을 떠 보니
그대가 옆에 없어
문득 외로움이 밀려오네

외로움은 파도인가
애틋한 사랑이라는
파고 높은 파도인가 보다

오늘따라 밀물처럼
들어왔다가 빠져나가는
넘실대는 파도를 바라보니

우리네 인생도
높이 올라갔다가
내려오는 파도처럼

깊숙이 스며드는
사랑의 깊이를 느낄 수 있는
하루 나그네로구나

제4부

당신의 미소

상림숲

숲 자체가 천연기념물인 상림숲
신라 천년의 시간을 걷는다

길고 긴 숲길을 거닐면서
몸과 마음이 힐링 된다

목포의 눈물 하모니카 소리가
나의 귓전을 울린다

숲길 거닐면서 하모니카 소리에
잠시 번민의 시름이 사라진다

오래전 선조들의 서글픈 망향가 같은
외침이 나의 귓전에 웅웅거린다

양반가 유림들의 치열한 다툼
선조들의 고고한 울림이

마음속 깊은 곳에서
나에게 큰 깨달음으로 다가온다

사랑나무

얼마나 애달프고 사랑이 깊었으면
뿌리가 다른 두 나무가 합쳐져
한 나무가 되었을까

애틋하고 아름다운
전설이 숨어있는 상림숲

서로 챙겨주고 싶고 서로 그리워하는
상서로운 사랑나무

연리지 생각하면 너무 애절한 사랑
만나고 싶고 그리워서
서로 꼭 안고 있는 사랑나무

오늘도 님이 그립고 보고파서
서로 붙어서 마주 안고 하나 되어
서로의 애정을 확인하네요

섬진강

굽이굽이 흘러 강물이 되고
은빛 파도 속에 출렁출렁 물결이 일고 있네

끝없이 이어지는 모래사장
은빛 파도 속에 새하얀 속살이 드러나는구나

지금까지 나는 무엇을 보고 무엇을 생각하며
내 인생길을 살아왔는가

지내온 내 흔적들이 아스라이 보인다
나의 지난 세월은 빠르게 소리 없이 흘러갔네

지금 나는 새로운 길을 걸어가고 있다
새로운 새날 내 인생을 다시 아름답게 시작해 보자꾸나

청연루 사랑

깊은 골에 청학이 춤을 추고
상서로운 무지개다리 위에
맑은 거울처럼 떠오르는 아침노을

천년의 기운을 품고
다시 환한 마음으로
천년노을이 떠오른다

청연루 맑은 바람 속에는
님의 얼굴이 떠오르고
님의 미소 님의 몸짓이
나를 밝고 환하게 밝혀주네

님을 향한 환희로움이
물 위에 떠 있는 원앙과 같이
두둥실 두둥실 기뻐하누나

좋은 인연

어떤 인연도 고리를 걸고
매듭을 지으면
좋은 인연이 되고

잘못된 인연으로 만나면
악연의 고리를 맺으니
만남을 신중해야 하네

인연의 무게는 지중하니
아무나 만나면 안 된다네

깊은 인연을 만나고
좋은 인연을 만들려면
기도를 많이 해야 하네

어떤 인연도 신중하지 않으면 안 되듯이
하늘이 맺어주는 인연을 소중히 간직하고
귀한 인연으로 이어가길 기원해 봅니다

눈물방울

언제까지 눈물을 흘려야 하나
지금까지 흘린 내 눈물은
나의 눈물이 아니었나

얼마나 많은 눈물을 더 흘려야
모진 슬픔이 다 가시고
답답한 가슴이 뻥 뚫릴까

눈물아 눈물아 슬픈 눈물아
한 많은 눈물방울이 슬픔이 되고
강물이 되어 강이 되었구나

한 많은 대동강 강물이여
어느 때 다 마를쏘냐
이제 그만 눈물을 흘리고 싶다

가련하다 가련하다
한없이 가련한 내 인생
미련도 욕망도 눈물 속에 모두 사라지네

꽃잎에 머금은 영롱한 이슬처럼
내 인생도 다시 화사하게 피어나길
간절히 빌어 봅니다

서방바위와 각시바위

꽃들이 활짝 핀 5월 봄날에 결혼하면
신랑신부 꽃처럼 화사하게 피어오르네

꽃이 피고 지고 꽃이 되듯
봄날의 신부는 꽃이 되었네

사랑스러운 순백의 신부여
화려한 당신의 모습이 아름답구나

늠름한 모습의 당찬 신랑의 넓은 가슴에
살포시 기댄 신부가 싱그러운 미소 짓네

오래도록 백년해로하여
축복하며 꽃길을 걸어가라

아름다운 부부의 앞날을 축복하듯
봄꽃이 송이송이 하늘에서 내려오네

부부의 날

꽃같이 아름다운 당신이여
두 손 잡고 한길만 걸어가게 하소서

곁눈질로 다른 생각 하지 않고
오로지 한길 손잡고 가게 하고
같은 길을 묵묵히 걸어가게 하소서

질투와 반목이 오지 않고
사랑과 행복이 가득하게 하소서

기쁨과 슬픔이 교차하지 않게 하고
건강과 즐거움만을 부부에게 축복하소서

휴휴암 지혜관세음보살님

동해바다 물결 따라 관세음보살님이
나투셨네

하얀 은빛 파도 타고 관세음보살님이
오셨네

중생들에게 무슨 선물을 주시려고
오셨는가

하얀 구름 타고 은빛 물결 가르고
오신 백의의 지혜관세음보살님

현세의 어려움을 해결해 주시려고
용 타고 남순동자와 같이 화현하셨네

아, 아름다워라!

지상의 만중생을 구제하시고
소원성취 시켜주시는 관세음보살님

오늘도 동해바다 용 타고 구름 타고
바람 따라 현상계에 나투셨네요

부처님의 눈물

살아온 인생의 지난 나날들이
주마등처럼 스쳐 지나간다

힘든 날도 많았지만
기쁘고 즐거운 날도 많았네

굽이굽이 인생 돌고 돌아올 때
눈물도 많이 흘렸다네

인생 바람 풍랑이 왜 이리도 거센지
역풍 맞아 피눈물 나는 날도 많았는데

참회의 눈물과 땀과 인내로
나는 견디어 내었다네

부처님이 눈물을 흘리셨다

부처님 마음이 무척 아프신 것 같아
세월의 무게가 많이 느껴지는 요즘

깊어 가는 내 마음의 병도 부처님전에
간절히 기도하면 치유될 것이라네

믿어라 믿어라 믿어라!

강한 마음으로 부처님께 의지하여
이 어려운 고비를 물리쳐서

새로운 새날을 맞이하여
부처님전 온갖 정성 다하리라!

쌍둥이 꽃

우리는 꽃처럼 활짝 피는
쌍둥이 부부꽃

꽃이 좋아 꽃이 되듯
우리 둘도 쌍둥이 부부

우리는 서로가 서로가
의견 대립이 와도

꽃처럼 활짝 피는 웃음꽃을 가진
쌍둥이 부부

사랑꽃 예쁜꽃 꽃이여 꽃이여
예쁘게 살면서 행복하게 세상과 소통하렴

이 세상에 부부꽃으로 오신 쌍둥이 꽃이여
천년만년 영원하라!

석양의 노을

석양의 노을 지는 모습이 당신의
모습입니다

덕 높은 품격과 귀족의 멋있음을 갖춘
당신의 모습입니다

당신은 너무 멋있는 천년사랑
석양의 노을처럼 환희로워라

당신의 멋스러움이 풍겨 나오는 황혼 녘
향기로운 커피 한 잔 시켜놓고

당신과 석양을 바라보면서
행복의 미소를 짓고 싶네요

사랑하는 그대여!

노을빛 아름다운 모습으로 영원히
내 곁에 머물며 남아 계시길
두 손 모아 기도드립니다

광명

천지에 빛과 서기가 내리고
광명이 온 우주를 밝혀주네

이내 마음에도 우주의 넓은
품속이 들어오네

오라, 넓은 광명이여
우주를 품고 만중생을 품어라

우주의 기운과 천지조화의 기운으로
온 만물이 생성하는구나

당신의 미소

밝고 환한 당신의 미소에
이내 마음은 날개를 단다

미소 띤 해맑은 소년아!

그대 두 눈 위에 영글은 눈물방울
내가 닦아주리라

사랑하는 가련한 당신!

당신의 깊은 사랑심에
무수히 많은 하늘빛이 쏟아지고

깊은 눈물방울 위에는 그대 마음속에 들어있는
기쁨과 감격이 빛을 발하고 있네요

천변의 물결

장마가 스치고 지나간 자리에
아름다운 물결이 넘실넘실거린다

인생도 천변의 물결처럼
아름다웠으면 좋겠네

온갖 풍파 조용히 다 지나고 나면
물결이 잔잔하게 넘실넘실거리겠지요

소용돌이치는 거친 물살처럼
험난한 우리네 인생길

언제쯤 내 인생도 잔잔한 물결처럼
가볍게 흘러갈까

앞날을 멋지게 설계하며
아름다운 물결처럼 살아가리라

늪

굴레의 늪 속에서 허우적거리는
나를 보았네

헤어나려고 발버둥 치면 칠수록
더욱 빠져드는 수렁

그 늪 속에서 나의 손을 잡고
구해줄 사람은 나의 반려자 당신

하늘의 뜻을 잘 받들고
부처님의 법을 잘 따라서

천명의 인연 마음속에 소중히 새기고 가리라
굳게 다짐하였네

악마의 무리 속에서 나를 건져내어
빛을 주신 나의 귀하신 인연

당신의 고결하고 높은 뜻 잘 받아들여서
새로운 새날 행복하게 손잡고

밝은 태양을 향하여 비상하리라
굳게 다짐 또 다짐해 봅니다

산사의 아리랑

아리랑 아리랑 아리랑
아리랑 고개로 넘어간다

아리랑은 한 많은 우리 민족의
아름다운 소리이다

한 많은 부처님을 시봉해온
산사 무심의 한 많은 세월

흙으로 빚은 소조 석가모니 부처님
삼재팔난 세월이 닥쳐왔을 때

물난리에 지붕이 다 날아가고
모든 것이 떠내려갔지만

산사의 우리 부처님 모습은
모든 것이 온전한 상태 그대로였네

우리 부처님을 생각하면
하염없이 눈물만 난다

많이 죄송하고
많이 송구스럽다

제자가 인간세상 풍파 다 맞고 돌아와도
기꺼이 받아주시는 우리 부처님

많이 존경합니다
많이 사랑합니다
많이 감사드립니다

나의 다짐

비바람이 몰아쳐도 옆에 계셔서
울타리가 되어 비바람을 막아주시는 당신

눈보라가 휘날려도 옆에 계셔서
눈보라를 막아주시는 당신

나약하게 살지 않으리라
다짐해 봅니다

굳건하게 이겨내리라
결의해 봅니다

내 앞에 우뚝 서 있는 당신
거목보다 더 건장한 당신

당신이라는 이름 속에 내 과거의
나쁜 기억들이 사라집니다

오늘 나는 결심했네

모든 고난과 힘든 역경에도
이겨낼 수 있는 힘을 키우고

마음 굳게 먹고 험난한 세상을
결연히 헤쳐나가기로 다짐해 봅니다

어머니 단상

저는 어머니를 닮아가고 있습니다
명절 때 장손의 짐을 지고
차례를 준비하시던 어머니를 생각할 때면
무거운 마음을 종종 느끼곤 했습니다

명절 앞날 시장에 들러 제수용품
한 보따리 사 들고 오시는
어머니의 모습을 무척이나 많이 보았습니다

저는 어머니처럼 살지 않으리라
다짐을 했었습니다
그러나 지금 저는 어머니와 똑같이
그대로 살고 있습니다

9공주 딸 7공주로 부처님 제자로 살면서
부모님 제사와 차례를 지내는
아들과 같은 삶을 살고 있습니다

제가 차례 준비해 보니 무척이나
팔이 아프고 힘이 많이 든다는 것을
이제야 깨달았습니다

늦은 나이에 철이 들었습니다
많은 시간이 지났지만 부모님께 감사함을
절실히 느끼고 있습니다

오늘도 부처님께 올릴 과일과
부모님 차례에 모실 좋은 과일을 골라서
차례 준비하면서 명상에 잠깁니다

롯데월드 아쿠아리움

가슴 설레며 입구에 들어서니
색색의 물고기들이 우리 둘을 반긴다

터널을 통과하니 심해에 들어온 듯
섬뜩한 느낌이 드네

신비로운 색감의 물고기와
조화로운 내부 인테리어가 현란하다

귀여운 형형색색의 물고기들이
바다를 담은 수조 속에서 살고 있네

유유히 수조를 누비는 가오리는 멋있지만
제트기처럼 날렵한 상어는 무섭기만 하다

비단잉어에게 젖병으로 먹이를 주니
어머니가 자식에게 젖을 주듯 자비로웠다

그대와 둘이서 물고기 밥도 주며
잊지 못할 황홀한 바닷속 여행을 하였네

바닷가를 동경해 온 우리 둘의 물속 체험은
마음속 영원히 행복의 물결을 칠 것이다

제5부

인생길

향일암 천년의 바다

해를 향하는 해수관음성지
관세음보살님의 가피를 받아
소원을 성취하는 향일암

장엄한 바다 위로 떠오르는 일출 속에
천년의 향기가 피어오르는
천년기도도량 향일암

천년의 부처님 관세음보살님이
살아 계시는 아름다운 관음도량에서
온 가슴으로 품은 평화로운 천년의 바다

당신과 나는 서로 거부할 수 없는 운명
조그만 다투어도 서로 아파 몸부림치는
향일암의 사랑나무

맑은 기운이 향내 나는 천년고찰
고요하고 평온한 향일암의 앞바다처럼
우리 둘의 천년사랑도 영원하리라

천년바다

그리운 천년의 바다에 또 한 번
기도를 들어왔다
천년바다 천년사랑
깊이 생각하는 하루다

파도가 없는 바다
잔잔한 내 마음같이 고요한 바다
갈매기 소리도 들리고 저 멀리서
뱃고동 소리도 들리는 아늑한 돌산

인생도 배와 같다
기적을 울리며 떠나는 배처럼
우리네 인생도 배처럼 왔다가
배처럼 가리라

배가 떠난 빈자리에 다시 와서
지나간 인생을 되돌아보고
내 마음을 맑게 씻어주길 소망합니다

상처받은 내 영혼

할퀴고 찢긴 내 몸은 화병 투성이
화병은 무서운 병
온몸 마디마디마다 화병이 나오네

점차 기도 수행이 깊어지니
관세음보살님이 낫게 해 주시는 듯
화가 꽃처럼 땀띠의 모습으로 피어나네

상처받은 내 영혼이여!

내 영혼에게 사랑과 존경을 표하노니
영혼이 맑아지면 헝클어진 내 인생사가
잘 풀리리라 생각이 드네

맑게 맑게 내 마음을 갈고닦으면
나의 맑은 영혼이 몸소 나에게
잘 되는 기운을 줄 것이라네

나의 부처님

괴롭고 힘들 때 죽고 싶을 만큼 힘들 때
손 내밀어주신 한 사람
그대가 있어 세상을 살아갑니다

가슴 먹먹하고 힘들고 불안할 때
그대가 곁에 있어
살아갈 용기가 생깁니다

낭떠러지에 떨어져 허우적거릴 때
그대가 내 팔 잡아주셔서
겨우 위기를 모면했습니다.

그대는 나의 부처님!

일심불 오직 나의 한 몸 부처님
그대로 인해서 세상을 헤쳐 나갈
용기가 생깁니다

그대는 나의 부처님!

부처님 부처님 나의 부처님
이 세상에 부처님을 만난 게
제일 큰 복입니다

사랑하는 나의 부처님!

부처님 복으로 이 세상을 굳세게 헤엄쳐
큰 바다를 건너가겠습니다
오늘도 부처님께 감사드립니다

노산 무릉도원

신선 열매와 신선 과일이 주렁주렁
복사꽃 오얏꽃이 피는 무릉도원

하루 낮이 여기에서는 백 년이라는
시간이 흘러가는 아름다운 별천지

공기 좋고 물 맑고 경치 아름다운 깊은 계곡
신선한 폭포수가 우리 둘을 반갑게 맞아주네

신선들이 사는 노산의 무릉도원에서
부처님과 신비로운 기도정진 반나절

여기가 우리 둘이 꿈꾸는
신선의 무릉도원이로구나

한옥명당 연화정

아름다운 연꽃에 둘러싸여 고즈넉하게
앉아 있는 한옥명당 연화정

이름 없는 연꽃도 바람맞아 살랑거리고
힐링되는 덕진연못 천하의 명당

연꽃 속에 나의 지나간 과거들이
하나씩 하나씩 떠오르네

부처님길 달려오면서 한옥 명상센터
꿈꾸면서 기나긴 고행을 하였네

이곳 한옥명당에 앉아 명상하고 힐링하니
천하가 부럽지 않다는 걸 느끼고 있구나

촉석루

나라를 위해 목숨 바친 숭고한
영혼이 머무는 누각 남장대 촉석루

경건한 마음으로 촉석루를 참배하고
논개님 사당에서 기도드렸네

남강을 바라보면서 논개님의 애국충절을 생각하니
저절로 가슴이 숙연해지네요

논개님이 낙화 순국한 충절의 향기 가득한 고장
진주는 영원하리라

남강을 바라보면서 아름답고
인심 좋은 진주에서 오래도록 살고 싶구나

두타연 두타사

금강산에서 발원한 물줄기가 만들어진 폭포 아래
병풍처럼 둘러싼 기암이 어우러진 천혜의 용소

상처 나고 찢기고 아픈 우리들의
6 · 25 전쟁 역사가 곳곳에 남아 있는 두타연

금강산 가는 길목에 두타사의 옛 절터가
우리들을 반갑게 반겨주네

금강산 승려들이 불도를 닦고 수도를 하기 위해
많이 찾았다는 천년의 두타사

전설 속의 두타사 가는 길목에는
세월의 흔적들이 곳곳에 통일의 염원이 들어있네

깊이 수도했던 선승의 흔적들이 많이 남아 있는
두타연 동굴 속에서 관세음보살님을 친견하고

천년의 용소에 잠겨 감아도는 신비로움을 체험하니
하늘로 올라가는 용의 울부짖음이 들려오는구나

북천의 코스모스길

부모님이 사시던 하동 북천
하동에 가면 할아버지 할머니의 모습이
코스모스 들판처럼 떠오릅니다

부모님의 고향 하동 북천
항상 포근하고 향기 넘치는 코스모스길
다시 걸어보니 어머니 품처럼 포근합니다

내 어릴 적 제일 좋아하던 꽃
코스모스꽃처럼 가늘고 수줍어하던
어린 시절이 주마등처럼 지나갑니다

살아계실 때 효를 실천 못 하고
부처님 길을 가면서도 부모님의 거룩하신
자식사랑 그 마음을 어떻게 알까요

사랑스럽게 성장한 귀한 자식
건강하고 행복하게 잘 살아준다면
그것이 바로 제일 큰 부모 효도라네

승리의 깃발

거센 파도가 춤을 춘다
승리의 깃발을 올리면서
힘찬 파도가 바람을 타고 간다

오늘의 결실은 나의 힘듦을 잊게 하고
지나간 내 과거의 기억을 지우려고
다시 파도에 내 몸을 맡긴다

어려운 고행의 시간이 지나고
파도가 나의 길을 따라 춤추듯
내 길을 열어준다

지난날의 역경은 오늘의 행복
다복한 행복을 만끽하면서
내일을 향해 힘차게 살아가리라

서울 하늘의 꽃비

즐거운 서울 나들이에
꽃비가 내린다

정말 기분 좋은 단비
조상님들이 내려주신 선물

모든 시름을 잊게 하는 단비
행복의 문으로 들어가는 꽃비

정말 마음고생 몸고생 많이 하고
내리는 단비

단비는 내 마음이다
내 마음과 같은 단비

오늘의 근심을 잊고
새롭게 출발하고자 하는 이때

때마침 행복하고 희망찬 단비가 내려서
내 마음속의 수심을 털어버리게 하는구나

인생길

세상사 인간만사는
새옹지마

울고불고 한탄하다
흘러가는 인생사

흐르는 물처럼 유유히 흘러가면
얼마나 좋을까

삶의 희로애락이 왜 이렇게 많은지
이것이 인생인가요

평탄하지 않은 우리네 인생길
틈이 난 바위의 물줄기 폭포처럼

힘차게 흘러서 넓은 강으로
조용히 흘러가길 깊이 염원합니다

추석 차례상

응어리진 마음 풀고 조상님께
하루 기도하는 즐거운 명절 추석

보름달을 보면서 기도하시던
아버님의 자식 사랑

내 앞에 자식들을 먼저 보내지 않겠다던
어머님의 자식 걱정

어느 누구도 따라갈 수 없는
부모님의 자식 위하는 고귀한 마음

부모님의 은혜를 어떻게 다 갚을 수 있을까
생각해 보는 추석날 아침

항상 우애를 강조하시던 부모님을 생각하며
차례상에 삼배 올립니다

낳아서 길러주신 부모님 은혜
다 갚지 못해도

영원히 부모님을 사랑하는 딸이 될 것을
다짐해 봅니다

사랑해요, 부모님!
하늘나라 왕생극락 발원하옵니다

내 고향 마산

조상님들이 잠들어 계시는 땅
나의 고향 경상도 마산이 그립습니다

이제 황혼에는 조상님들 혼이 머무르는
나의 정든 산천에서 살고 싶다

나는 소꿉장난하며 천진난만하게
뛰어놀던 어릴 적 시절을 회상하며

고향의 넓은 품에서 수행자로서
조용히 용맹정진해야겠구나!

범어사 기도

의상대사의 숨결이 살아 숨 쉬는
해동의 신라 화엄종찰 금정산 범어사

많은 고승대덕을 길러내고 선승을 배출한
화엄의 이상향인 선찰 대본산 금정총림

장엄한 경내에 들려 부처님께 참배하고
관음전의 남순동자를 보며 기도드린 후

활짝 트인 암벽산야 둘러보고 암반 사이로
흘러나오는 깨끗한 약수물을 떠서

시원하게 한 잔 마시니 가슴속에 쌓인
스트레스가 확 날라가는구나

청정한 약수물 한 그릇 떠 놓고
부처님전 기도 축원드리나니

맑고 맑은 10월 산사의 기운과
한없는 행복감을 느끼면서

앞으로 열심히 수행정진하리라
마음속 깊이 다짐해 봅니다

고우신 우리 어머니

우리 어머니는 신사임당같이
훌륭하신 어머니

어릴 적 동생들과 아무리 싸워도
매 한번 들지 않으신 어머니

항상 우리들에게 우애 있게 지내라고
말씀하셨던 어머니

매 한번 맞지 않고 험한 소리 듣지 않고
난초처럼 순하게 자라나다 보니

세상에 나왔을 때 힘들고
어려운 고난도 엄청 많았어요

학창 시절 부유하게 자란 어머님은
대가족에게 항상 진수성찬 준비하셨네

신지식 고등교육까지 받으셔서
신사임당 같이 인자하신 어머니

당신의 자식사랑 덕분에
지금의 시를 쓰게 되었네요

극락왕생하여 저의 시인됨을
기뻐하실 어머니

풍요로운 중추가절을 맞으니
무척이나 보고 싶고 그리워집니다

사랑하는 어머니!
당신을 무한 존경합니다

산사 황토방의 구절초꽃

산사 황토방 앞에 구절초꽃이
피었습니다

어머님의 산자수려한 외모와 닮은
귀티 나는 구절초꽃

황토방 앞에 나투신 귀한 꽃
우아한 구절초꽃

너를 사랑한다 말씀해 주시면서
흐드러지게 피어나신 아름다운 꽃

자애로운 어머니상!
자상하신 어머니상!

하늘나라 가셨어도 오로지 자식걱정
어머님의 사랑은 무한합니다

그 누구도 범접할 수 없는
깊은 사랑입니다

어떤 험난한 시련이 와도
어떤 역경과 고난이 와도

구절초꽃을 보면서 이겨나가리라
굳게 다짐해 봅니다

어머님의 꽃을 보면서
어머님의 뜨거운 자식사랑을 느낍니다

운주사 와불님(상)

천년의 향기를 느끼는
석불님을 뵙고 참배하였다

불교 도반들과 같이 동행한
천년도량 천년사랑길

해탈의 경지를 느끼면서
와불님의 해탈미소를 꼭 간직하고 돌아왔네

자유롭고 초연한 부처님
아무런 꾸밈없이 경계를 초월한 부처님

전생에 부부였을 것 같은
누워계신 와불님

이 땅에 계시는 모든 도반들이여!

부처님 경지는 누구도 흉내 낼 수 없고
따라갈 수 없는 아주 깊은 사유의 모습

경이로운 와불님!

오늘의 경험은 천년을 다시 돌아보는
아름다운 천년여행길이었습니다

운주사 와불님(하)

천년의 향기를 풍기는 석불님을 뵙고
깊은 명상에 잠겼다

나는 누구인가
나는 왜 태어났는가

나는 또 한 번 나의 탄생에 대해
깊이 사유하는 시간을 가졌다

천년의 향을 느끼면서
와불님의 해탈미소를 간직하고 돌아왔네

자유롭고 꾸밈이 없는
맑고 밝은 높은 경지

전생의 부부인 와불님
두 분은 무슨 생각을 할까

부처님의 경지는 어느 누구도
범접할 수 없는 경이로운 세계

고즈넉한 가을날 단풍길 낙엽길 따라
와불님 곁으로 아름다운 여행을 했습니다

나의 미륵부처님

부처님 부처님 나의 부처님!
당신은 나의 미륵부처님입니다

당신은 나에게 지혜를 주시는
부처님입니다

험난한 산세를 여러 고비
넘어왔습니다

힘들고 어려운 고비 때마다
나에게 손 내밀어 주셔서

모든 것을 지혜롭게
이겨내었습니다

나의 미륵부처님!

험한 고난의 시대에
당신을 만난 것이

큰 복이라고 생각하며
당신께 무한 감사드립니다

문학세계대표작가선 1073

부처님의 눈물

무심스님 명상 시집

인쇄 1판 1쇄 2026년 1월 23일
발행 1판 1쇄 2026년 1월 30일

지 은 이 : 무심스님
펴 낸 이 : 김천우
펴 낸 곳 : 문학세계 출판부 / 도서출판 천우
등　　록 : 1992. 2. 15. 제1-1307호
주　　소 : 서울시 광진구 구의강변로 85 강우빌딩 7F
전　　화 : 02)2298-7661
팩　　스 : 02)2298-7665
http://cafe.naver.com/chunwu777
E-mail : cw7661@naver.com

값 33,000원

ISBN 978-89-7954-979-9